AF405046

DE
L'ÉMIGRATION DES CHINOIS

AU POINT DE VUE DES INTÉRÊTS EUROPÉENS

PAR

ED. MADIER DE MONTJAU

PRÉSIDENT DE LA SOCIÉTÉ AMÉRICAINE DE FRANCE,
VICE-PRÉSIDENT DE LA SOCIÉTÉ DES ÉTUDES JAPONAISES ET CHINOISES,
SECRÉTAIRE GÉNÉRAL DE LA SOCIÉTÉ D'ETHNOGRAPHIE,
ANCIEN INSPECTEUR DES AGENCES DU COMPTOIR D'ESCOMPTE DE PARIS
EN CHINE ET AU JAPON.

*« Les Chinois sont en marche
vers l'Europe. »*

PARIS

MAISONNEUVE ET Cᴵᴱ, ÉDITEURS

LIBRAIRES DE LA SOCIÉTÉ D'ETHNOGRAPHIE

15, QUAI VOLTAIRE, 15

1873

Communication faite à la Société des Études japonaises, chinoises, tartares et indo-chinoises.

Séance de novembre 1873.

Sténographié par les **FRÈRES DUPLOYÉ**,
12, RUE NOTRE-DAME-DE-NAZARETH.

DE

L'ÉMIGRATION DES CHINOIS

« *Les Chinois sont en marche
vers l'Europe.* »

Quand la nouvelle parvint à l'Europe, que Christophe Colomb avait découvert un nouveau monde ; quand, au commencement de notre siècle, les journaux apprirent à l'Europe que la machine à vapeur commençait à sortir du domaine des curiosités du laboratoire, et pourrait devenir bientôt un instrument de travail puissant, il y eut, je crois, très-peu de capitalistes, et peu d'économistes, qui, se préoccupèrent de ces faits nouveaux et qui crurent que ces faits nouveaux valaient la peine que leurs spéculations pécuniaires ou leurs spéculations intellectuelles se détachassent même un instant des sphères positives, pour s'égarer dans les calculs de prévision d'un avenir qui, pourtant, était prochain.

Il en est toujours ainsi ; et c'est peut-être un bien, que l'intelligence des savants et l'application des gens de finance ne s'éloignent pas trop vite des réalités actuelles pour se lancer dans les supputations de ce qu'il peut y avoir de profits éventuels dans les nouveautés. Néanmoins, on m'accordera, je pense, que ce n'est pas un mal, non plus, que, certains esprits, dès l'apparition des faits nouveaux s'efforcent de percer les voiles de l'avenir, tâchent de se rendre compte de ce que ces révélations portent dans leurs flancs, et appellent l'attention de leur siècle vers les conséquences probables ou possibles de ces nouveautés. Il est bon que le présent se préoccupe de l'avenir, dès qu'il s'annonce, bon qu'il soit en mesure le plus tôt possible, pour bénéficier de ce que les faits nouveaux nous apportent de bon, ou s'ils sont mauvais, ce que j'admettrais difficilement, pour parer aux conséquences de ce mal.

Eh bien ! je suis certain, dans cette assemblée spécialement, de ne pas être le seul à croire que les émigrations des Chinois soient un de ces faits nouveaux fort intéressants pour les esprits spéculatifs dans l'ordre de la finance, dans la sphère du travail d'abord, et peut-être dans un temps donné, très-intéressants aussi, pour les spéculateurs en philosophie, en politique, en morale.

Que trouvons-nous, si nous remontons à l'origine toute contemporaine de ces émigrations?

Nous voyons que des spéculateurs ardemment aux aguets de toutes les circonstances, pour, en termes vulgaires, gagner de l'argent, profitèrent dans la Chine du sud, il y a déjà quelques années, de certaines convulsions politiques pour se faire marchands de travail et se posant comme un lien entre le Nouveau-Monde, qui manquait de bras et la vieille Chine, qui en possédait une surabondance, réussirent, à se créer spéculateurs en chair humaine, plus facilement et presque aussi ouvertement que les anciens négriers de Nantes, de Bristol et de Bilbao.

Quelles étaient les circonstances? Quelle fut la combinaison? C'est très-facile à raconter. Nous dirons aussi quelles conditions de mœurs et d'organisation locale, rendirent la combinaison aisée et lucrative.

Hâtons-nous d'écarter cette erreur trop généralement répandue qui fait de la Chine une terre surchargée d'êtres humains. Oui la population de ce pays se compte par centaines de millions; oui cette race est, pour employer l'expression des statisticiens anglais remarquablement prolifique : mais la surface qu'elle occupe est immense et en général riche et féconde. Nous ne parlons pas du sous-sol qui n'a pas été touché encore et qui nous tient en réserve de véritables trésors. La Chine n'est pas en moyenne plus peuplée que les trois royaumes britanniques.

Mais, conséquence d'une constitution mauvaise, politiquement, financièrement et socialement, les prodigieuses populations de ces énormes provinces sont constamment en fluctuation d'émigrations intérieures, encombrant un pays, en laissant un autre désert, et généralement, pour fuir devant les peuplades barbares des frontières de terre, les bandits des montagnes et les pirates des grands fleuves ou l'oppression des mandarins, se dirigeant d'Ouest en Est vers les plaines, la mer et ses grands ports.

Au temps dont nous parlons, il y a quelque vingt-cinq ans, une guerre de race séculaire s'était rallumée dans les trois provinces de Kwangsee, Kwang-Tung et Hoo-nan, entre les Hakas et les Pountis. Les Hakas étaient vaincus. Presqu'au même temps les insurgés dits Taïpings, après avoir fait trembler la dynastie mantchoue, avaient été écrasés par les armées impériales. Plus de cinq cent mille d'entre eux avaient été massacrés par elles ; en quelques jours quatre-vingt mille avaient péri à Canton par le sabre des bourreaux officiels. Quant aux Hakas, les mandarins les abandonnaient à leurs ennemis et sur plusieurs mille lieues carrées les Pountis leur faisaient par les villes et les campagnes une chasse sans pitié. — Il en devait être ainsi. Les Hakas étaient de pauvres sauvages travailleurs de montagne, qui débusquaient pourtant, de toutes les positions, les Pountis plus riches, plus intelligents, mais plus paresseux. Les ouvriers des villes, les marchands, amis naturels du mandarin étaient Pountis. Quant aux Taïpings, c'étaient des réformateurs, des démagogues, des communistes, des illuminés, des ambitieux, des déclassés, des pillards. Après avoir vu tuer avec plaisir, beaucoup d'Hakas et de Taïpings, les gens avisés songèrent qu'il serait plus profitable d'en vendre pour l'exportation le plus grand nombre possible et de grossir ce nombre de tout ce que les petits mandarins locaux voudraient, moyennant finance, considérer comme Haka, comme Taïping ou comme débiteur aliénant sa liberté en payement de ses engagements.

Car, c'est ici le lieu de le dire : En Chine, le débiteur a droit et obligation de se vendre, ou à peu près, pour acquitter sa dette. De plus, il est dans les mœurs, de forcer, même à distance, la volonté du faible par la persécution des êtres qui lui sont chers. Et en Chine les liens de la filiation ou de l'adoption sont d'une puissance dont on n'a pas idée en Europe. — De telle sorte, que le débiteur, ou l'homme affirmé tel, par plus fort que lui, est absolument le serf de son créancier, ou de l'homme fort réputé son créancier. La vénalité des mandarins assure le fonctionnement de ces mœurs. Elles sont devenues un des moyens de gouvernement du machiavélisme mantchou. — Notons en passant, mais avec soin, que, contrepoids indispensable, l'instinct d'association chinois a si fortement constitué l'esprit de corporations, de guilde, de paroisse, de secte, de société secrète, que, dans les circonstances ordinaires, le faible a quelques moyens de défense efficace, dans les circonstances ordinaires ; mais, dans la période qui nous occupe, la passion politique et la passion de race avaient rompu toutes les organisations, et les trafiquants voleurs d'hommes, les mandarins authentiqueurs de contrats avaient leurs coudées franches. Ils en profitèrent.

A la même époque, au Pérou, les dignes héritiers de Pizarre avaient si bien exploité le sol, le sous-sol et la race humaine, que les mines manquaient d'Indiens et que les Indiens manquaient presque à la culture. Les Anglais concessionnaires, au fond, sinon en la forme, des mines de Guano, les îles Chinchas, manquaient de bras, et les fermiers de l'agriculture anglaise attendaient.

Il faut bien se le rappeler ; c'est le propre du commerce de tout savoir, et Hong-Kong était, déjà à cette époque, une grande place de commerce. Il y avait, dès alors, à Hong-Kong des marchands pour lesquels les affaires du Pérou et du Chili, de la Havane n'étaient pas lettre close. Une poste noire fut vite établie, et aussitôt, tous les maîtres contrebandiers, Portugais, Chinois, Métis chinois et portugais furent à l'œuvre. Hakas, Taïpings, prolétaires débiteurs, sortirent des marécages, des bois, des cavernes, retrouvés, nettoyés, convoyés, battus ou cajolés par des centaines de raccoleurs interlopes, chinois à l'intérieur, de toute nation à la côte. Les uns poussant leurs troupeaux humains vers Macao, les autres les recevant et les cloîtrant aux *Barracons* spéciaux de la ville portugaise et les stylant, sous promesses et menaces, à signer ou affirmer des contrats illusoires, très-complaisamment enregistrés par de faméliques employés du fisc colonial portugais.

L'émigration avait commencé. Nul ne dira jamais les horreurs des îles Chinchas et des mines péruviennes. Par un effet de syphon, l'émigration continuait ; le courant était établi et les statistiques funèbres du Pérou ne le dérangeaient pas. Aucun Chinois n'en revenait; et aucun ne pouvait écrire à ses compatriotes.

Vous ne me demanderez pas de savoir si les trois ou quatre dollars par mois promis à ces malheureux leur étaient payés. Il s'agit bien de cela !

D'ailleurs, nous ne nous occupons pas ici de faire l'histoire de ces abominations qui ont trop duré. — De même que l'étude du travail noir aux États-Unis aujourd'hui, n'est pas de rechercher quelles horreurs ont produit, jusqu'à ces dix dernières années, la fatale inspiration du pieux Las Casas; — de même nous ne voulons ici que suivre le phénomène de l'émigration chinoise, constater ses transformations et comprendre ce que ces transformations contiennent en réserve pour le travail de la race européenne et pour la civilisation.

Macao, la ville de Camoëns, l'antique, historique et poétique création de l'initiative portugaise dans l'extrême Orient; Macao, qui, si elle n'avait été séparée de l'Europe par de longs siècles d'ignorance, pouvait devenir peut-être, dans ces régions, le centre du commerce européen, Macao en 1840, refusa l'hospitalité aux négociants anglais chassés de Canton par les Chinois. Hong-Kong fut fondé par les Anglais et elle a absorbé toute l'importance de Macao. Mais fascinés par la colossale prospérité des maisons anglaises, tous les Portugais avaient commandité celles de ces maisons les plus grandes et les plus téméraires, deux entre autres. C'est chose incroyable que le degré de luxe et d'infatuation auquel étaient arrivés rapidement ces princes du commerce anglais en Chine. Ils croulèrent, et sous leurs débris demeurèrent ensevelies toutes les grandes fortunes, toutes les plus modestes épargnes de Macao. Macao est absolument ruinée. Portugais et Métis, sauf les employés publics et deux ou trois familles, en sont à la misère la plus pitoyable. De mœurs douces, intelligente, mais ignare, cagote, superstitieuse, paresseuse, sans dignité, sans moralité, sans esprit de nationalité, Macao aujourd'hui, cherche quelques éléments de vie. Elle les a trouvés pendant un certain temps dans la contrebande et elle ne les trouve guère aujourd'hui que dans le commerce des *coolies*, portefaix, manœuvres; c'est le nom arrivé, je ne sais d'où, de l'Inde je crois, (mais l'étymologie importe peu) qui veut dire : homme de labeur. Et les *Coolies*, ce sont tous ces misérables chinois enlevés, engagés plus ou moins volontaires, qu'on expédie sur l'Amérique-Espagnole. Macao est fatalement complice de ce commerce de bétail humain, le Chinois agit, le Métis aide, le Portugais enregistre et régularise tout.

J'ai dit que le Pérou fut dans les pays occupés par la race européenne le premier objectif du commerce des coolies. Je le répète, je ne veux pas vous faire le tableau des crimes de lèse-humanité qui se sont accomplis là, tranquillement pendant de longues années. Mais je veux dire hautement, que sur ces crimes, l'Angleterre a toujours fermé les yeux, tant que les îles Chinchas ont fourni le guano dont elle avait besoin. L'Angleterre se bornait à interdire ces affrètements à ses nationaux. L'Angleterre s'est occupée des coolies quand elle n'a plus eu à en rien espérer. Aujourd'hui, les régularisateurs vertueux du commerce des coolies ce sont les Anglais.

Nous oublierions un détail historique important, si nous n'ajoutions que c'est l'empire de Napoléon III qui, pour se populariser parmi nos spéculateurs maritimes et dans nos colonies, a encouragé nos armateurs aux chargements de coolies en Chine, comme aux chargements de nègres à Zanzibar et de lascars dans l'Inde.

Les tombeaux de guano des Chinchas sont abandonnés parce qu'ils ne sont plus riches qu'en ossements humains. Mais l'exportation des coolies ne s'est pas arrêtée et ses deux objectifs actuels sont toujours les dévots pays de race Espagnole. Le marché péruvien est toujours bon pour ces cargaisons. Le marché de la Havane s'est ouvert et s'améliore tous les jours. Comment en serait-il autrement? En Chine, les agents pour le Pérou et la Havane promettent à ces pauvres ignorants chinois persécutés, une prime et des conditions tous les jours plus belles. L'affaire n'en devient pas plus onéreuse. Car, à l'arrivée, le contrat est une lettre morte au Pérou comme à la Havane ; ces créatures humaines sont traitées en esclaves, vendues ou distribuées aux planteurs par raison d'État ou de faveur, et les réclamations sont réglées à coup de pieds, de bâton et de révolver.

Je ne veux pas entrer dans le détail des moyens par lesquels on trouve toujours des coolies en Chine, des causes qui doivent en faire trouver toujours : je me borne à constater, quant à cette partie si triste de l'émigration chinoise, qu'elle est très-considérable. Ce ne serait pas chose bien nouvelle, que de décrire un pays, dans lequel des agents adroits recrutent, enlèvent des hommes ignorants, pauvres, persécutés, et dans lequel l'organisation du pays permet aux mauvais riches, aux prêteurs, aux petits fonctionnaires publics d'exercer une pression puissante, et de pousser des malheureux à l'émigration, pour faire profit de leur misère.

L'essentiel est de noter un fait, caractéristique au plus haut degré : Le voici : Dans tous ces pays où les Chinois sont si indignement trompés, maltraités, à la Havane, par exemple, ces Chinois trouvent le moyen de se créer des pécules, de les réunir et de faire sortir de leur masse, un certain nombre d'hommes qui deviennent riches. Et ce n'est pas sans dessein que je dis : faire sortir de leur masse quelques hommes riches. C'est la masse qui les produit et, par voie d'entente, d'association et d'élection, les fait s'élever à un sort meilleur, à la richesse même et à la puissance. Le Chinois porte en lui-même une force d'initiative en association, qui n'a absolument rien d'analogue dans sa nature avec l'esprit d'association des Européens. Ces hommes font tout par association, absolument tout, et ils trouvent une sanction à leurs associations. Cette sanction c'est que leur monde à eux, le monde chinois est le seul monde; ils l'emportent avec eux, avec eux leurs lois et leurs mœurs; ils ne s'occupent guère des lois du pays dans lequel ils sont que pour les tourner, et ils se conforment surtout à la police qu'ils font entre eux parce qu'ils ont l'*esprit de retour* ineffaçable.

Donc les Chinois, partout où ils sont, en nombre grand ou petit, forment un monde à part, qui se soutient, surveille ses membres, choisit le plus digne, le plus capable pour remplir une fonction, dans laquelle, en devenant une individualité plus puissante que les autres, il reste cependant le serviteur dépendant de l'association.

J'ai tout dit, tout à l'heure, sur l'origine déplorable et sur l'état actuel non moins déplorable de l'exportation des coolies et je passerai, je vous en demande la permission, à l'avenir de ces émigrations.

Ce côté est moins sombre. Il y a une émigration chinoise libre et très-importante par le nombre et c'est surtout celle-là qui justifie les mots que vous avez vus dans l'annonce de cette séance. Oui, les Chinois peuvent être regardés, dans une certaine mesure, comme étant en marche vers l'Europe.

Ils vont de la Chine à l'Orient et au Sud-Ouest. C'est-à-dire qu'en quittant les rives occidentales de la Chine, surtout du midi de la Chine, ils se dirigent, à la fois, d'une part sur Singapore, les Indes hollandaises, vers la Cochinchine française, et les pays malais, d'autre part sur l'Amérique du Nord par San-Francisco.

Ces hommes partent absolument libres pour San-Francisco, absolument libres pour la Cochinchine qu'ils sont destinés à peupler d'une race laborieuse, car les Annamites ne sont pas laborieux ; d'une race intelligente, car les Annamites ne brillent pas par l'intelligence, d'une race qui a quelques vertus, tandis que les Annamites paraissent en avoir fort peu ; libres pour la presqu'île malaise ; à peu près libres pour Java, Bornéo.

Expliquons-nous. D'abord, suivons-les à San-Francisco. Tous les quinze jours, un navire américain à vapeur, énorme, part emportant dans ses flancs au moins 1,000 Chinois. A mon dernier voyage, nous en portions 1,350. Ce n'est pas ici le lieu de vous dire quels sont les dangers terribles pour les voyageurs et pour l'humanité, de porter 1,300 Chinois à fond de cale d'un navire-poste, licencié pour en embarquer 750, ce qui serait déjà trop. C'est un voyage qu'au point de vue de la prudence, je ne recommanderai à aucun homme voyageant avec sa femme et ses enfants ; mais enfin, au point de vue économique, voilà toutes les semaines 1,000 ou 1,200 Chinois qui partent pour San-Francisco ; et par des vaisseaux moins rapides, il en part, en outre, toujours quelques-uns, toutes les semaines. La population chinoise de San-Francisco est énorme ; elle devient si énorme qu'elle excite l'animadversion, les calomnies, les accusations passionnées, malveillantes des deux populations qui forment le corps des travailleurs de ces pays-là, les Mexicains et les Irlandais. On accuse les Chinois de tous les vices et de tous les crimes : mais il y a un fait qu'on ne peut pas nier, c'est que la vie serait fort difficile à San-Francisco, vu le prix de la main-d'œuvre, sans les Chinois, qui y pratiquent tous les petits métiers et tous ceux des métiers pénibles qui réclament de l'intelligence et du soin. Un fait encore moins contestable et historique, c'est que la moitié la plus difficile du grand chemin de fer *transcontinental pacific* n'aurait pas pu être faite sans les Chinois. Il n'y avait pas de travailleurs, de San-Francisco à Ogden, pour accomplir cette œuvre inouïe. Le chemin de fer a été fait de l'Est à l'Ouest jusqu'à Ogden par les Irlandais, et de la mer Pacifique jusqu'à Ogden, par les Chinois. Ce fait économique est énorme. Un des ouvrages les plus gigantesques du travail humain a été accompli par des Chinois ; il ne pouvait être accompli qu'avec des Chinois. Et aujourd'hui les Chinois sont encore partout, en Californie ; ils trouvent le moyen de s'implanter partout ; ils ne se dépitent guère. Les uns lavent les sables abandonnés par les mineurs européens, d'autres plantent des légumes ; ils sont blanchisseurs, colporteurs, que sais-je? Mais ils sont partout ; on les retrouve jusqu'à trente lieues du pays des Mormons. Ils commencent à avoir plus le sentiment de leur importance, le sentiment, sinon de leurs droits et de leur dignité, du moins de ce qu'ils peuvent tirer du droit européen ; et dans la municipalité de San-Francisco, il y a en présence deux opinions : Les Californiens anti-chinois, et les Californiens qui sentent qu'on ne peut pas renvoyer ces hôtes envahissants.

Dans l'Amérique du Sud, les Chinois sont, par le fait de la spéculation honnête ou non, au Pérou. De là, bientôt ils trouveront leur chemin pour le Chili, pays le plus heureux de ce grand continent. Ils sont à la Havane et bientôt dans l'autre grande île espagnole, à Porto-Rico.

Dans l'Amérique du Nord, par le fait libre de leur volonté, ils sont cent cinquante mille en Californie. Ce n'est pas tout, ils vont de Californie librement dans les Etats du Sud ; ou ils y arrivent sans s'arrêter à San-Francisco, avec des engagements loyaux passés à Macao, à Canton et Swatow, pour la culture des cotons et des sucres.

Je n'ai pas parlé des Chinois au Japon. J'avais tort d'oublier ce côté de la question. Car c'est là peut-être que les Chinois sont le plus curieux à observer.

Ils y sont arrivés humbles et peu nombreux comme domestiques, petits boutiquiers, fabricants de cigares, garçons de caisse, grâce à leur facilité pour parler et écrire la langue du pays. Aujourd'hui ils ont remplacé tous les caissiers indigènes dans les comptoirs européens. Ils rivalisent avec les artisans japonais ; avec avantage parce qu'ils sont moins artistes et plus calculateurs, plus amoureux surtout de gain et moins amateurs de *far-niente*, moins dépensiers que les Japonais qui le sont beaucoup.

Avec avantage, parce qu'ils sont une race plus forte et plus courageuse, non pas musculairement et militairement, mais plus forte et plus courageuse en face des peines et des adversités de la vie. Les Japonais se suicident, les Chinois subissent la mort silencieusement.

Ils ont grandi rapidement au Japon. Ils sont maîtres à Nagasaki de tout le commerce de Kiou-Siou et du Swo-Nara, la mer intérieure, avec la Chine. A Hakodadé et sur la côte nord-ouest, de toute l'exportation du poisson, et des algues comestibles. Dans dix ans ils seront les intendants, les interprètes, les courtiers, les aubergistes, les contre-maîtres de tous les Européens.

Dieu veuille, que les Européens n'exploitent pas ce beau pays trop vite et trop durement. Je sais que le peuple japonais est fort de souplesse et de ruse et qu'il ne se livre jamais qu'à demi. Mais à demi c'est déjà trop quand on se livre aux Anglais, aux Allemands, aux Américains spécialement, même aux Français, et surtout quand tous ces avides étrangers ont à leur service des instruments aptes à tout et capables de tout, il faut bien le dire, comme les Chinois.

Il est une observation qui m'est personnelle et à laquelle je crois quelque valeur. Je ne veux pas quitter le Japon sans vous la communiquer. La voici : Au Japon, en Cochinchine, partout hors du milieu chinois, les Chinois sont beaucoup moins immuables dans leurs habitudes qu'on ne le dit.

Les Chinois, cela est très-vrai, se sont assimilés tous les peuples qu'ils ont conquis et ils en ont conquis beaucoup depuis qu'ils débordèrent d'Ouest en Est venant des hauts plateaux de l'Asie, comme l'a le premier établi M. de Rosny, notre savant président. Ils ont conquis aussi leurs conquérants les Mantchoux. Ils sont en voie de conquérir et de s'assimiler les Formosans comme ils ont fait des habitants de l'île d'Haï-Nan.

Mais il me paraît vrai aussi de dire que les Chinois se teintent très-fortement et très-vite des mœurs des pays où ils se transportent. Ils restent chinois comme les nègres restent nègres ; mais, vous savez, sans quitter le golfe du Mexique, quelles différences saisissantes il y avait en plein esclavage entre les nègres espagnols, français, anglais, américains !

Remarquez ceci : je l'ai vu.

Les Chinois à Singapore sont froids, majestueux, roides, protecteurs, *distants* comme des Anglais. A deux pas de Singapore, à Saïgon, ils sont remuants, loquaces, accueillants, serviables comme des Français. En Amérique, ils sont taciturnes, entreprenants et railleurs comme des mineurs américains. En Californie, exécrés qu'ils sont par la race européenne, ils ne se mêlent pas aux blancs, vivant exclusivement entre eux et ne sortant pas de leurs habitudes qui restent chinoises à tous les points de vue : mais ils sont devenus prompts à l'émeute et aux violences personnelles.

Au Japon, qui est peut-être le pays du monde où les Européens sont le plus mêlés et vivent le plus sur le pied d'égalité, où les Italiens et les Français ne subissent pas les morgues germaniques et anglo-saxonnes, les Chinois se posent volontiers, à titre européen en quelque sorte. Comme en Cochinchine, ils mangent avec nappes, cuillers et fourchettes ; au Japon ils ont leur club, et fument le cigare. De même qu'à Saïgon ils traitent les Annamites en prolétaires et diraient volontiers : nous autres colons ; à Yokohama, ils toisent les Japonais du haut de leurs grandeur et se familiarisent volontiers avec les étrangers blancs. On croit à chaque instant leur entendre dire : nous autres Européens.

Je ne m'appesantirai pas sur cette observation, quoique je la croie exacte et nouvelle. Mais j'ajouterai ce fait également peu connu que les Chinois ont beaucoup plus de facilité à apprendre le français que l'anglais et que notre langue est la seule des langues européennes qu'on comprenne et parle à Pékin. Puis, je conclurai sur ces deux points prouvés selon moi ; témérairement peut-être, mais je conclurai provisoirement. Je le ferai en peu de mots.

Linguistiquement l'intonation et l'articulation des langues latines sont moins difficiles aux habitants de l'empire du milieu que les idiomes germaniques.

Les Chinois qui sont portés à se familiariser à l'excès, ont un instinct primesautier qui les éloigne des peuples du nord de l'Europe et les rapproche des peuples de race latine bien plus indifférents que les Allemands, les Anglais, les Américains aux préjugés de race et de couleur.

Il y a là, peut-être, pour la France un enseignement, un avenir.

Je recommande aussi à vos réflexions un simple rapprochement. Dans le portrait que j'ai essayé de vous faire des Chinois n'avez-vous pas trouvé bien des traits bons ou mauvais auxquels vous reconnaîtriez les Allemands. Eh bien c'est ma pensée : sympathiques ou antipathiques, les Chinois sont les Allemands de l'extrême Orient comme les Japonais en sont les Français. Demandez-vous quelle race absorbera l'autre.

Chinois et Allemands se rencontreront en Amérique dans les Etats de l'Ouest.

Dans son émigration vers l'Amérique du Nord, le Japon est pour les Chinois un relai commode et lucratif. J'en prévois un autre : les îles Sandwich. *Protégées* par les Etats-Unis aujourd'hui et gouvernées par leurs missionnaires, ruinées rapidement par les alcools et les maladies européennes, par l'extinction rapide de la race Kana, ces îles seront fatalement et prochainement repeuplées par les Chinois.

Revenons au Sud-Ouest, maintenant ; passons à Saïgon. La Cochinchine française paraît être le pays d'élection de la canne à sucre : par une foule de raisons, cette culture en Cochinchine est plus fructueuse que partout ailleurs; elle serait plus fructueuse encore, n'était le manque de bras, d'intelligence et de volonté. Or, les Chinois de Swatow sont nés planteurs et cultivateurs de sucre. La Chine du Sud produit d'énormes quantités de mauvais sucre, sale et grossier, que les raffineurs européens de Honkong traduisent en sucre blanc parfait. La colonie française a de tout temps produit beaucoup de sucre inférieur. Aujourd'hui, elle possède un établissement de premier ordre qui n'a plus aucune difficulté à vaincre, sinon de faire produire assez de cannes pour sa consommation. Eh bien ! il faut indispensablement pour que cet établissement, déjà très-considérable, devienne ce qu'il est appelé à devenir, le plus colossal établissement sucrier du monde, et qu'il se multiplie en dix ou douze usines aussi colossales, d'ici à dix ans tout au plus, il ne faut qu'une chose, c'est d'avoir un travail, sur lequel on puisse compter mieux, que sur celui des Annamites. Ce travail est tout trouvé, c'est celui des paysans chinois du sud, et le problème est résolu. Ces paysans vont en Cochinchine, et ils y vont sans imposer aux colons aucun déboursé. Ces gens-là sont fort avisés, il faut qu'un homme de leur pays, riche cultivateur de sucre et leur inspirant de la confiance, leur avance les quelques piastres nécessaires pour aller à Saïgon et leur garantisse pendant la première année du riz, des instruments et la terre propice ; et quand cet homme, qui a leur confiance, leur dit : Partez, voici cinq ou six dollars, votre passage est payé, vous serez nourris, logés pendant toute la première année, jusqu'à la moisson de la canne, et à la moisson de la canne, vous me donnerez une part (qu'il fait énorme, car les Chinois n'ont pas l'habitude de faire le compte des autres, mais le leur propre), alors, ils partent par milliers, parce qu'ils trouvent, avec raison, que cet ami usurier leur fait, en Cochinchine, un sort meilleur que leur sort actuel.

D'ici à dix ans, Swalow aura fourni et amené deux ou trois cent mille Chinois à la Cochinchine.

Revenons maintenant aux émigrations qui se dirigent vers le sud. Nous avons été à Saïgon ; de Saïgon poussons à Singapore. Là les Chinois vont, à peu près librement ; s'ils ont une économie de quelques piastres pour se faire transporter à Singapore, ils y vont à leur compte. S'ils n'ont rien, ils s'embarquent à crédit à bord de navires, dont les capitaines leur donnent le passage, à la seule condition, qu'ils ne débarqueront, qu'autant qu'un homme du pays viendra payer pour eux. Et un homme du pays vient sur le pont : » ils vous doivent chacun huit piastres pour le passage ; voilà huit piastres ; je vais en choisir un ; pour seize piastres, je vais en choisir deux, et le gouvernement anglais de Singapore prend ces pauvres diables sous sa protection aussitôt, et empêche qu'ils ne soient, par le fait du passage payé, convertis en hommes achetés comme des bêtes, cuir et poil, par celui qui a payé huit piastres. En sorte qu'ils ne sont pas engagés à autre chose qu'au travail fixé par un tarif d'autorité publique, jusqu'à ce qu'ils aient remboursé ces huit piastres. Ce remboursement fait, en un mois, le Chinois est libre de sa personne ; il continue avec son premier maître, ou il en change, s'il ne se trouve pas bien. Il quitte Singapore et va dans les îles hollandaises ou en Malaisie. Dans ces trois pays il est libre, et devient riche.

Je crois pouvoir conclure que cette émigration du Sud-Ouest n'a rien d'affligeant pour l'humanité.

Ce n'est pas tout : Des centaines et des milliers de Chinois se glissent et se poussent directement, chaque année sur toutes les côtes malaises, îles ou presqu'îles : à Java, à Bornéo, à Sumatra, dans le pays des tabacs, du poivre, de la canelle, à Pénang spécialement. Ils sont presque maîtres du commerce de Siam, et entre leurs mains ce commerce grandit rapidement. Ce sont des armateurs chinois qui possèdent cette flotte considérable de vieux navires européens réparés et commandés tous par des capitaines allemands au rabais qui, sous pavillon siamois, exportent les riz de Bangkok.

A Saïgon, même spectacle : le commerce est entre les mains d'un ou deux Anglais, d'une demi-douzaine d'Allemands, de deux Américains, d'une demi-douzaine de Français et de trois cents Chinois. Et, tandis que ces Chinois se placent les uns comme coolies, les autres comme négociants, il y en a un grand nombre qui prennent pied comme ouvriers.

Le Chinois est bon à tout ; il est admirable marin, admirable cultivateur! il est habile artisan en tout genre, domestique, espion, négociateur, négociant habile, courtier, banquier. Pouvez-vous penser qu'une race qui a tant d'aptitudes jointes à celle de se déplacer avec une activité prodigieuse, qui vit, riche ou pauvre, avec une économie sans égale pour la nourriture, le vêtement, le logement et le plaisir, qui a une force musculaire remarquable, une grande force de santé constatée dans tous les pays réputés pestilentiels pour l'Européen, qu'une race pareille, qui est animée de l'esprit de gain, qui n'a que très-peu de besoins et une prodigieuse force de résistance physique jointe à l'amour des voyages; pouvez-vous douter que cette race ne forme des courants qui se prolongeront et dépasseront de beaucoup la limite atteinte actuellement par ces émigrations.

Doutez-vous qu'elle n'envahisse l'Inde, par exemple? Pouvez-vous douter qu'elle ne trouve place dans tous les Etats du sud de l'Amérique septentrionale et ne remplace avantageusement les Nègres, les Métis et les Indiens de l'Amérique du Sud? D'ailleurs quand ces émigrants seront au Pérou et au Chili en nombre suffisant, ne déborderont-ils pas bientôt sur le Brésil et la Plata; à l'heure qu'il est, au Brésil, on s'occupe déjà d'en faire venir. Si la Russie nous conduit à Chang-Haï par chemin de fer, ce seront des terrassiers chinois du Nord qui feront la voie de Sibérie.

Songez qu'ils forment une grande partie de l'équipage des navires européens dans les mers de l'extrême Orient, la totalité de l'équipage des vapeurs-poste américains du Pacifique, qu'ils rivalisent avec les matelots malais et indiens pour former les équipages des vapeurs-poste anglais dans les mers de la Chine et de l'Inde, et, que notre Compagnie des Messageries maritimes, quoique entravée par les règlements innombrables et surannés de la marine française, les emploie comme chauffeurs en concurrence avec les nègres Soumalis d'Aden.

Tous les ingénieurs anglais, américains français, qui les ont employés, les déclarent laborieux, intelligents, soigneux, dociles et économes. J'ai ici, les opinions d'hommes qui emploient des Chinois à la Nouvelle-Calédonie, à la Nouvelle-Guinée, comme travailleurs agricoles. On est content d'eux partout. Les journaux américains ont publié des lettres de planteurs de la Caroline du sud, qui reconaissent qu'ils travaillent mieux que les nègres, qu'ils sont d'une santé plus robuste qu'eux, plus sobres qu'eux, et qu'ils ont l'esprit de justice, pourvu qu'on respecte la justice à leur égard.

Il suffirait d'un spéculateur, et des milliers de ces bons travailleurs rempliraient toutes nos colonies de Cayenne à Bourbon. Rien ne serait plus facile que de les mettre à coloniser les terres colonisables des bords de la mer Rouge, que de leur faire construire les voies nouvelles de la Perse et de la Syrie, de les implanter sur les sables du canal de Suez; par l'Amérique ou l'Egypte, de les mener au Sénégal, dans le Tell, la Mitidja, à trois jours des côtes de Provence.

Jusqu'à présent, je n'ai parlé des émigrants chinois, que comme d'êtres laborieux et opprimés, redoutables, tout au plus, sur le champ de la concurrence industrielle. A présent, je me demande, si, arrivés à former des masses, ils peuvent être redoutables matériellement pour les Européens. Je n'hésite pas à me prononcer pour l'affirmative.

Il est de tradition et encore de mode de considérer les Chinois comme lâches. Et bien, selon moi, cette opinion est un fait d'ignorance et d'observation très-superficielle.

Ce sont de terribles positivistes que les Chinois : comme tels et admirablement conséquents à leur écrasant bon sens, ils fuient le danger aussi souvent et aussi longtemps que possible ; ils sont pacifiques, adroits et fourbes. L'Ulysse antique aussi était adroit et fourbe, mais brave à propos, en même temps. Les Chinois, posons bien ceci, n'ont peur que de la souffrance pour eux et leur famille. La mort, quand elle sert à quelque chose qui les touche, n'a pas de terreurs pour eux : mais ils ne veulent mourir qu'à bon escient, et ils ne veulent combattre qu'avec toute chance de leur côté. Ils sont susceptibles de fureurs terribles, et quand leurs passions bouillonnent, vienne une occasion favorable, ils se précipitent par masses, et le torrent alors est des plus dangereux.

De plus, ils aiment l'aventure et sont voleurs, pirates avec délices quand le travail leur manque. Aux surprises de terre et de mer, ils sont d'une audace et d'une tenacité incroyables. C'est dans la piraterie surtout, qu'on peut les juger, parce que la piraterie est une spéculation : Risques immenses et larges profits. Défenseurs de fortins sans espoir de capitulations, soldats mercenaires bien traités et commandés vigoureusement, ou pirates abandonnés à eux-mêmes, les Chinois sont des combattants ingénieux, calmes et presque aussi remarquables par la persistance que par la hardiesse.

Or ces hommes, tels que je viens d'achever de vous les peindre, ont cent fois fait preuve, non-seulement dans leur propre pays, mais contre les Européens, sur le terrain des établissements européens en Chine, mais en Amérique, sur les côtes malaises et indo-chinoises de toutes les qualités militaires qui peuvent un jour les rendre réellement redoutables. Hier encore, à côté de Penang, à plusieurs milliers de côte du sol natal, 4,000 de ces hommes livraient un combat obstiné à deux petits bâtiments de guerre anglais, et ce combat ne finissait qu'au bout de huit heures ; ils avaient perdu 300 hommes et montré sur terre et sur eau, en faisant couler leurs jonques, en défendant fortins et estacades, qu'ils sont courageux, intelligents, habiles marins, bons fusiliers et canonniers meilleurs encore.

Ces faits, ces appréciations et peut-être aussi les conclusions qu'il me paraît convenable d'en tirer, ne sont pas choses absolument nouvelles pour plusieurs d'entre vous ; mais il est utile que ces faits soient bien connus, que ces appréciations se généralisent. Si vous les trouvez justes, demandons-nous si, à une époque où tant de grandes industries nouvelles et tant de travaux publics sont à l'ordre du jour, dans des régions où personne ne pensait à implanter l'industrie européenne il y a cinquante ans, si l'émigration chinoise pour les cultures nouvelles, pour les défrichements, pour la colonisation et les grands travaux d'utilité publique, ne sera pas une force utile dans des proportions gigantesques. Demandons-nous si, après avoir été pacifiques et opprimés, ces flots d'hommes de race jaune ne seront pas une cause d'inquiétudes pour nos populations ouvrières, et une cause d'inquiétudes pour les amis de la paix, de l'ordre et de la morale telles que nous les concevons en Europe.

C'est sur ces avantages et ces dangers que j'ai voulu appeler votre attention, et je vous remercie de me l'avoir accordée si long-temps.

Paris. — E. DE SOYE et FILS, imprimeurs, place du Panthéon, 5.